Cynllun y Canllaw

5: CAFFI SONIA

Gwasg Gomer

Mam Sam ydi Sonia.

Mae caffi Sonia ar agor yn y bore bach.

Yn y bore bach mae'r lorïau mawr yn dod.

Mae dynion y lorïau mawr yn mynd i'r caffi.

"Sam! Tyrd â'r llaeth!
Sam! Tyrd â'r cig moch!"
Mae'n rhaid i Sam helpu
cyn mynd i'r ysgol.

"Sonia! Cig moch a dau ŵy."
"Dau ŵy a llaeth!"
"Sonia! Te, cig moch ac un ŵy."

Un bore daeth dyn i'r caffi.
Doedd neb wedi gweld y dyn
yn dod i mewn.
Safodd wrth y drws.

"Hei! Mae gen i lori fawr.
Mae'n rhaid symud y fan Mini."

Doedd neb am symud.

"Lari Jac, symud dy fan!"

"Na wna i."
Roedd Lari Jac yn chwarae dominos
ar y bwrdd bach.

Dyna'r dyn yn mynd at Lari Jac
ac yn taro'r bwrdd bach.
"Symud, mêt!"

Dyna Lari Jac yn symud
ac yn taro'r dyn yn ei drwyn.

"Lari Jac! Allan!"
"A chitha! Allan!"

Aeth Lari Jac allan.
Aeth y dyn allan.
Aeth Sam i'r ysgol.

Geirfa Newydd—CAFFI SONIA

ac	dau	ei drwyn	neb
aeth	doedd	gen	safodd
bach	dominos	gweld	symud
bore	dy	helpu	taro'r
bwrdd	dyna	Lari Jac	te
cig moch	dyna'r	lorïau	un
cyn	dynion	llaeth	wrth
chwarae	drws	Mini	ŵy
		mewn	ysgol
		mêt	

Ymadroddion Newydd—CAFFI SONIA

ar agor	tyrd â
na wna i	yn y bore bach

Geirfa o Lyfr 1—HELO SAM

a	mae
allan	Mam
am	mawr
caffi	mynd
dod	Sam
i	Sonia
i'r	y
lori	ydi
	yn

Geirfa o Lyfr 2—TÂN

fawr
hei
rhaid

Geirfa o Lyfr 3—BLE MAE ELIN?

â'r
tyrd
wedi

Geirfa o Lyfr 4—Y DYN OD

ar
dyn
fan
mae'n
roedd